CON la CABEZA en ALTO

Cómo una comunidad amazónica protegió la selva

Patricia Gualinga y **Laura Resau**

Ilustrado por **Vanessa Jaramillo**

Charlesbridge

SARAYAKU es mi hogar.

Se encuentra en lo profundo de la selva ecuatoriana.

Está *vivo* mi hogar;

está vivo con árboles imponentes, lianas ondulantes

y ranas cantoras.

Sobre todo,

está vivo con seres místicos que reinan en la selva:

los Amazanga.

Parecen humanos, pero son más fuertes,

y protegen los bosques sagrados

mientras se esconden entre árboles y lianas.

Mientras golpea en el techo la lluvia,

mi familia se sienta a hacer chicha alrededor del batán.

Mamita nos cuenta historias en nuestra lengua, kichwa.

Nos advierten los cuentos:

—No maltrates a la selva,

o los Amazanga te castigarán.

Cierro los ojos bien fuerte.
—Sé valiente, Paty —dice Papito—.
Muestra respeto,
y te dará fuerza la selva.

Papito es un yachak sabio:
Es un chamán con un pie en el mundo cotidiano
y otro en el mundo de los espíritus.

Mamita es la sabia hija de un yachak.

Sé valiente, Paty.

Las palabras de Papito resuenan mientras estoy en la escuela.

Tal vez el estudio me pueda dar fuerza.

Conocer el mundo fuera de mi selva

podría darme poder dentro de ella.

Entonces, dejo atrás

los murmullos y las canciones de mi pueblo

para estudiar en un colegio en la ciudad, bulliciosa y contaminada.

A través de años de sufrimiento y tristeza,

encuentro fuerza en la selva de mi corazón.

Mi diploma es un amuleto mágico
que me da una voz en la radio.
Difundo nuestros cuentos kichwas,
cuentos que Mamita nos contaba alrededor del batán,
cuentos que unen a nuestros pueblos.

Pero un día,
llegan noticias de Sarayaku.
Nuestra tierra ha sido invadida.
Un grupo de hombres ha colocado dinamita
por toda la selva, nuestro hogar,
en busca de petróleo. ¡PUM! ¡PUM! ¡PUM!

Están muriendo los animales.
Están muriendo las plantas.
¡Y gritan los Amazanga!

¡TO-TO-TO-TO-TO-TO!

Con helicópteros y armas, con gritos y uniformes,
con puños y fuego, con decretos y papeles,
llegan más hombres.
Dicen que el gobierno de Ecuador
les ha vendido la tierra bajo nuestra selva sagrada.
La vendió a una petrolera.

Nadie nos pidió permiso.

Estos hombres no entienden que nuestra vida y nuestra fuerza

emanan de la selva y de los seres que habitan en ella.

No les importa que

nuestra selva esté *viva*.

Sabe mi gente que tengo un pie en la ciudad,
y otro en la selva.
Soy parte de dos mundos, como el yachak.
—Te necesitamos, Paty —dice mi pueblo.

Dentro de mi corazón lluvioso y verde
escucho la voz de Papito: *Sé valiente, Paty.*
Escucho la canción de los árboles:
Al viento fuerte resistiré
y todos verán mis flores.
Escucho la llamada: *Te necesitamos.*

Entonces, río abajo remo,
de regreso al bosque sagrado.

Ahora es un vacío.
Los cráteres queman la tierra.
No veo lianas ondulantes
ni plantas en flor.
Ni ningún Amazanga.

Entre lágrimas busco la tierra
hasta encontrar partes que aún tienen vida,
que canturrean y tamborilean con
insectos y ranas.
Y lo mejor de todo:
¡Encuentro a los Amazanga!
Con los brazos abiertos les prometo:
—Vamos a protegerlos.

Y la selva, a su vez, nos da fuerza.
La selva nos une:
la profunda sabiduría de los ancianos,
el nuevo conocimiento de los jóvenes
y la radiante esperanza de los niños.

Todos en Sarayaku nos unimos.

Bailamos y tocamos tambores.

Cantamos y damos discursos,

tocamos flautas y nos pintamos las caras,

nos adornamos con collares y plumas.

Marchamos y marchamos y marchamos.

Cada vez con más fuerza,

viajamos por el mundo para contar nuestra historia.

Cada vez con más esperanza,

encontramos abogados y activistas

que se preocupan por la naturaleza y la cultura.

Cada vez con más corazón,

nos unimos con otras comunidades indígenas.

Después de años de duro trabajo...
sacamos a la petrolera de nuestra tierra.
¡Juuu-aaay! ¡Hurra!

Con la cabeza en alto,
nos aseguramos de que los Amazanga
nunca más vuelvan a gritar.
Volamos a Costa Rica.
Somos un grupo de mujeres, hombres, *wawas*
y hasta un bebecito.

Con los corazones llenos de esperanza y orgullo,
le presentamos nuestro caso
a la Corte de Derechos Humanos.

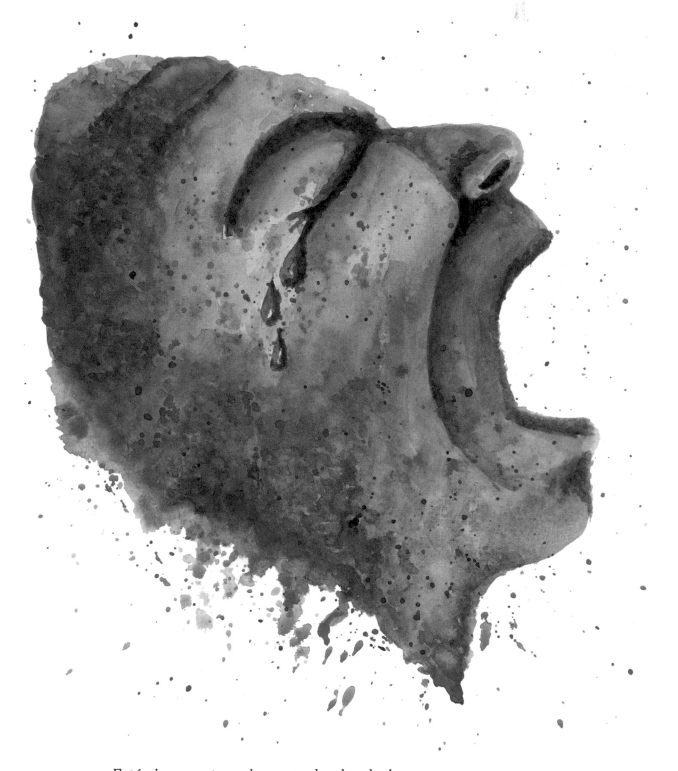

—Está viva nuestra selva sagrada —les decimos—.

Sin plantas y animales, ¿qué comeremos?

Sin ríos limpios, ¿qué beberemos?

Los jueces escuchan nuestras palabras.

Quizás también escuchen el clamor de los Amazanga.

¡La corte falla a nuestro favor!
Ordena que el gobierno de Ecuador
salvaguarde nuestra selva,
y que en el futuro primero nos pida permiso.

Están de acuerdo los líderes del gobierno.
No solo eso, sino que también nos dicen:
—Lo sentimos.

Nuestro pueblo kichwa envía un mensaje al mundo:
Tenemos el derecho de proteger nuestro hogar.
Cuando la selva respira profundamente,
también respira la Tierra entera.

Necesitamos que el bosque
canturree y tamborilee,
mientras recorre y serpentea,
canta y florece.
A todos nos mantiene
¡vivos!

SOBRE LOS KICHWA DE LA AMAZONÍA

Los kichwa (también escrito quichua) son un grupo indígena originario de Sudamérica. La lengua kichwa, hablada principalmente en Ecuador y algunas zonas en Colombia y Perú, la conforman los dialectos de varias comunidades kichwas. Algunos kichwas viven en las montañas de los Andes, algunos en la costa y otros en la selva amazónica. Cada grupo se ha adaptado a un entorno distinto y tiene una identidad cultural única.

En la Amazonía, los kichwas han dependido tradicionalmente de la selva para su subsistencia. Con esmero cultivan plantas silvestres para hacer sus viviendas, canastas, trastes y herramientas. Por lo regular, los kichwas se desplazan en canoa o a pie. Cultivan verduras de jardín, como yuca, o frutas como piña y papaya. Con respeto cazan para alimentarse y utilizan los ríos para pescar, beber y bañarse.

En años recientes, algunos han adaptado elementos del mundo externo, como ropa comprada en tiendas y herramientas de fabricación industrial. Algunos estudian o trabajan en las ciudades, pero muchos sienten el deseo de regresar a la selva para recuperar fuerzas. Buscan un equilibrio entre la tecnología moderna y las tradiciones culturales para mantener la conexión con su tierra ancestral.

Los kichwas creen que la salud de su comunidad depende de una relación basada en el respeto por las plantas, los animales y seres místicos como los Amazanga. Creen que los Amazanga son guardianes poderosos y dueños sagrados del bosque milenario (la selva madre). El pueblo kichwa de Sarayaku promueve una idea conocida como "Kawsak Sacha" (la Selva Viviente) para homenajear a la espiritualidad y la ecología de la Amazonía.

Durante varias décadas la industria petrolera ha amenazado a las comunidades kichwas, y ha causado deforestación y contaminación. Junto con otros grupos indígenas, los activistas kichwas han alzado las voces para proteger su cultura, su bienestar y su bosque sagrado. Paty (Patricia Gualinga, una de las autoras de este libro) y su pueblo de Sarayaku han estado al frente de este movimiento y han difundido el mensaje de Kawsak Sacha por todos lados.

La comunidad de Paty logró una alentadora victoria en 2012. La Corte Interamericana de Derechos Humanos, con sede en San José, Costa Rica, falló en su favor y en contra del gobierno de Ecuador, que había permitido la exploración de petróleo sin consultar a los kichwas. Pero aún hay trabajo por hacer. Las promesas y las leyes cambian con los nuevos presidentes. Los protectores de la selva deben continuar presionando al gobierno ecuatoriano —y al mundo— para que se respete el medio ambiente y los derechos de los indígenas. Paty y su comunidad están listos para el reto, ¡y alientan a otros a unirse a ellos!

DEFENDER LA TIERRA EN TODO EL MUNDO

Alrededor del mundo, las comunidades originarias han defendido sus tierras ancestrales, donde han vivido por siglos o milenios. Están asumiendo retos, como la discriminación, para honrar y manejar sus tierras sagradas por medio de prácticas tradicionales y sostenibles. Aún después de obtener triunfos legales, las comunidades originarias siguen trabajando para fortalecer sus derechos y asegurarse de que los gobiernos hagan cumplir las leyes que protegen esos derechos. A continuación se presenta una pequeña muestra de los muchos movimientos originarios que han surgido en todo el mundo.

NORTEAMÉRICA

En la Columbia Británica, Canadá, los nativos de las primeras naciones han luchado por sus derechos sobre la tierra durante décadas y han obtenido victorias importantes. En 2014, la Corte Suprema de Canadá dio a la nación **tsilhqot'in** el derecho a controlar 1.700 kilómetros cuadrados (656 millas cuadradas) de tierra ancestral, que incluyen cumbres nevadas y frondosos bosques de pinos. Aunque los tsilhqot'in no viven en pueblos permanentes, pueden aún reclamar sus derechos como indígenas al uso y al manejo de la tierra (conocido como título aborigen en Canadá) para actividades como caza, pesca y ceremonias espirituales, aunque sea temporalmente. La ley también dice que la tierra no puede urbanizarse, usarse para explotaciones mineras, ser excavada o ser talada sin el consentimiento de la tribu. El gobierno de Canadá puede anular el título solo en circunstancias especiales y después de haber hecho exhaustivas consultas a los tsilhqot'in.

ÁFRICA

En los pastizales semiáridos de Kenia y al norte de Tanzania, los **maasai luchan** para proteger su forma de vida. Tradicionalmente, migran con el ganado, las ovejas y las cabras según la estación. Como el agua escasea con frecuencia, migran entre pastizales de temporada seca y de temporada lluviosa, lo que se considera una práctica sostenible. Aunque históricamente los gobiernos de Kenia y Tanzania han tratado de obligarlos a establecerse en un solo lugar, muchos maasai han mantenido su forma de vida. En los últimos años, su cultura se ha visto amenazada por las empresas constructoras, la agricultura, la corrupción y el acceso restringido a las reservas de caza y parques nacionales. Algunos se han asociado con organizaciones para proteger su forma de vida en tierras comunales. En Kenia en el 2010 se promulgó una nueva constitución para garantizar un sistema más democrático y proteger los derechos humanos y ambientales. Los líderes maasai y de otros grupos originarios ayudaron a redactar la constitución, que fortalece sus derechos, respeta el patrimonio cultural y protege sus tierras ancestrales.

EUROPA

Durante siglos, los **sami** han pescado salmón y han pastoreado renos en las regiones nevadas del norte de lo que hoy son Noruega, Finlandia, Suecia y la península rusa de Kola. Durante décadas, su tierra tradicional ha sido amenazada por la exploración petrolífera, la minería, la explotación forestal, la construcción de presas y el cambio climático. Históricamente, los sami han hecho frente a la opresión de los gobiernos y de la sociedad en general. En Suecia y en Finlandia las lenguas de los sami fueron prohibidas. En Noruega, algunos grupos samis perdieron sus derechos a pastorear renos, según la temporada, debido a las políticas fronterizas con Suecia. Sin embargo, en los últimos años, los sami han avanzado en cuanto a la protección de su cultura y sus derechos. A pesar de las prohibiciones generales sobre el pastoreo de renos en Noruega y Suecia, tienen permiso para continuar con esta tradicional práctica. En 2016, en un proceso judicial, una comunidad sami en Suecia ganó los derechos para controlar la caza y la pesca en el área.

ASIA

En el norte de Japón, en la isla de Hokkaido—en medio de majestuosas montañas, lagos, humedales y volcanes— los **ainu** han sido tradicionalmente cazadores-recolectores y pescadores. Durante siglos, hablaron su propia lengua y practicaron una espiritualidad basada en la naturaleza. Hace más de cien años, el gobierno japonés se apropió de sus tierras y los obligó a asimilarse, o sea a adoptar la cultura, el lenguaje, la religión y otras costumbres de la sociedad dominante. Los ainu empezaron a perder sus tradiciones y lengua. Haciendo frente a una discriminación generalizada, los activistas ainus presionaron al gobierno para que los reconociera y respetara su cultura, lo que dio como resultado la Ley de Promoción Cultural Ainu de 1997. En 2019, una nueva ley, la Ley de Promoción Ainu, dio un paso adelante para apoyar activamente a las comunidades ainus y tomar más medidas para poner freno a la discriminación. Por ejemplo, ahora los ainu tienen derechos especiales para usar tierras nacionales para prácticas tradicionales como la pesca de salmón y ceremonias sagradas.

OCEANÍA

Los **aborígenes** han habitado la sabana del norte de Australia por más de 50.000 años como cazadores-recolectores. Cuando los europeos colonizaron esta tierra, la ganadería y la minería amenazaron la forma de vida de los aborígenes. La comunidad trabajó arduamente para que el gobierno australiano aprobara la Ley de Derechos de Tierra Aborigen en 1976, lo que les permitió poner freno a la urbanización en sus tierras ancestrales en el Territorio del Norte. En 1993, la histórica Ley de Título Nativo reconoció que los aborígenes en todo Australia tienen derechos para usar y proteger su tierra y el agua. Hoy en día, muchos de ellos trabajan con programas de conservación, como el de Guardabosques Originarios (Indigenous Rangers Program) y el de Área Indígena Protegida (Indigenous Protected Area Program), para defender sus ecosistemas. Usan métodos tradicionales para combatir incendios, proteger animales en peligro de extinción y salvaguardar sitios sagrados, como piedras, cerros y lagos.

GLOSARIO

Amazanga: Seres místicos que —según las creencias de los kichwas— son los supremos dueños, guardianes y protectores de la sagrada selva madre. Los kichwas creen que los Amazanga son los más poderosos de todos los seres místicos de estos bosques.

batán: Recipiente grande de madera que se utiliza para hacer chicha.

chicha: Bebida tradicional de Sudamérica hecha con verduras de raíz, granos o fruta. Las comunidades kichwas de la Amazonía la hacen con yuca, una raíz comestible.

Corte Interamericana de Derechos Humanos: Tribunal independiente que se ocupa de causas legales y decide si un país ha violado los derechos humanos. (Existen otras cortes de los derechos humanos, como el Tribunal Europeo de Derechos Humanos).

Ecuador: País sudamericano situado sobre la línea ecuatorial, los Andes y la selva amazónica, con llanuras sobre el Pacífico. Es el hogar de muchas comunidades kichwas y también de otros grupos indígenas.

kichwa: Grupo indígena que vive en la selva amazónica de Ecuador. También es la palabra que designa su idioma. Otra posible grafía es quichua.

Sarayaku: Pueblo y territorio ubicado cerca del río Bobonaza, en la provincia de Pastaza, en la selva amazónica de Ecuador.

wawas: Niños o bebés. También se escribe guaguas.

yachak: Chamán (curandero o curandera) que conoce bien los mundos naturales y espirituales.

Para actualizaciones periódicas sobre los derechos de las comunidades originarias y sus tierras ancestrales, por favor, visite www.LauraResau.com/ standastallasthetrees.

FUENTES SELECCIONADAS
(ordenadas por grupo originario)

KICHWA

Gonzalez, David. "En la selva de Sarayaku todo está 'vivo y tiene espíritu'". *New York Times*, 20 de abril de 2018.
Artículo en español, ilustrado con fotos y escrito con un estilo accesible para lectores jóvenes.

Gualinga, Eriberto, Mariano Machain y David Whitbourn. "Children of the Jaguar". Pueblo Originario Kichwa de Sarayaku y Amnesty International, 2012.
Película de treinta minutos en español, que se puede encontrar en YouTube, que fue realizada por el hermano de la coautora de este libro. (¡Busca a Paty en la película!).

TSILHQOT'IN

Fine, Sean. "Supreme Court Expands Land-title Rights in Unanimous Ruling". *The Globe and Mail*, 26 de junio de 2014.

Sitio del gobierno de Columbia Británica. "Tsilhqot'in Nation Declared Title Land".

Los niños probablemente van a necesitar ayuda para leer estos dos artículos. ¡Disfrútenlos juntos!

MAASAI

Myers Madeira, Erin. "Want to Save the Planet? Empower Women". *Global Program Lead for Indigenous Peoples and Local Communities*, The Nature Conservancy, 7 de marzo de 2018.
Este artículo se puede encontrar fácilmente en Internet e incluye un video corto sobre cómo empoderar a las mujeres en el norte de Tanzania.

Reynolds, Jan. *Only the Mountains Do Not Move: A Maasai Story of Culture and Conservation*, New York: Lee & Low Books, 2011.
Libro para lectores jóvenes.

SAMI

Crouch, David. "Sweden's Indigenous Sámi People Win Rights Battle Against State". *The Guardian*, 3 de febrero de 2016.
Este artículo se puede encontrar fácilmente en Internet.

Alatalo, Jaako. *Iina-Marja's Day: From Dawn to Dusk in Lapland*. Frances Lincoln Children's Books, 2011.
Libro para lectores jóvenes.

AINU

"Japan Prepares Law to Finally Recognize and Protect Its Indigenous Ainu People". *Washington Post*, 15 de febrero de 2019.
Este artículo se puede encontrar fácilmente en Internet.

Poisson, Barbara Aoki. *The Ainu of Japan*. Lerner Pub Group, 2002.
Libro para lectores jóvenes.

ABORÍGENES DE AUSTRALIA

Colson, Mary. *Indigenous Australian Cultures*, Portsmouth, NH: Heinemann, 2012.
Libro para lectores jóvenes.

Sitio web de Nature Conservancy Australia. "Working with Indigenous Australians for Conservation: Supporting Indigenous people to manage their land for conservation".
Este artículo se puede encontrar fácilmente en Internet e incluye un video.

A mi difunto padre, a mi madre presente, a mi familia, mi esposo y mis hermanos, quienes me dieron el conocimiento profundo y el amor por la naturaleza como vida misma del ser humano; también al valeroso Pueblo de Sarayaku quien va construyendo caminos de lucha y dignidad como símbolo e inspiración para las futuras generaciones
—P. G.

Para el Pueblo de Sarayaku, con mi más profunda gratitud y respeto
—L. R.

Con afecto a todos los niños del mundo y en especial para los niños de Sarayaku, con el deseo de que sigan descubriendo la selva en libertad
—V. J.

Translation copyright © 2023 by Patricia Gualinga and Laura Resau
Text copyright © 2023 by Patricia Gualinga and Laura Resau
Illustrations copyright © 2023 by Vanessa Jaramillo

At the time of publication, all URLs printed in this book were accurate and active. Charlesbridge, the authors, and the illustrator are not responsible for the content or accessibility of any website.

Published by Charlesbridge
9 Galen Street
Watertown, MA 02472
(617) 926-0329
www.charlesbridge.com

Library of Congress Cataloging-in-Publication Data
Names: Gualinga, Patricia, author. | Resau, Laura, author. | Jaramillo, Vanessa, illustrator.
Title: Con la cabeza en alto: cómo una comunidad Amazónica protegió la selva / Patricia Gualinga y
    Laura Resau; ilustado por Vanessa Jaramillo.
Other titles: Stand as tall as the trees. Spanish
Description: Watertown, MA: Charlesbridge Publishing, 2023. | Includes bibliographical references. |
    Audience: Ages 6–9 | Audience: Grades 2–3 | Summary: "One activist's story shows how Indigenous
    communities can fight to protect their sacred lands—and win."—Provided by publisher.
Identifiers: LCCN 2021053668 (print) | LCCN 2021053669 (ebook) | ISBN 9781623542375 (hardcover) |
    ISBN 9781632895981 (ebook)
Subjects: LCSH: Rain forest conservation—Amazon River Region—Juvenile literature. | Indians of South
    America—Amazon River Region—Juvenile literature. | Environmental protection—Amazon River
    Region—Juvenile literature.
Classification: LCC SD414.A4 G8318 2023 (print) | LCC SD414.A4 (ebook) |
    DDC 333.75/16098616--dc23/eng/20211108
LC record available at https://lccn.loc.gov/2021053668
LC ebook record available at https://lccn.loc.gov/2021053669

Printed in China
(hc) 10 9 8 7 6 5 4 3 2 1

Illustrations done in watercolor on paper
Display type set in Blend Caps by Sabrina Mariela Lopez
Text type set in Cheltenham Condensed by Tony Stan
Printed by 1010 Printing International Limited in Huizhou, Guangdong, China
Production supervision by Jennifer Most Delaney
Designed by Kristen Nobles